Joueur 1

Coche le personnage que tu dois faire deviner !

Partie 1

Trouve le personnage de ton adversaire

Joueur 2

Coche le personnage que tu dois faire deviner !

Partie 1

Trouve le personnage de ton adversaire

Joueur 1

Coche le personnage que tu dois faire deviner !

Partie 2

Trouve le personnage de ton adversaire

Joueur 2

Coche le personnage que tu dois faire deviner !

Partie 2

Trouve le personnage de ton adversaire

Coche le personnage que tu dois faire deviner !

Trouve le personnage de ton adversaire

Joueur 2

Coche le personnage que tu dois faire deviner !

Trouve le personnage de ton adversaire

Partie 3

Joueur 1

Coche le personnage que tu dois faire deviner !

Trouve le personnage de ton adversaire

Partie 4

Joueur 2

Coche le personnage que tu dois faire deviner !

Trouve le personnage de ton adversaire

Partie 4

Joueur 1

Coche le personnage que tu dois faire deviner !

Partie 5

Trouve le personnage de ton adversaire

Joueur 2

Coche le personnage que tu dois faire deviner !

Partie 5

Trouve le personnage de ton adversaire

Joueur 1

Coche le personnage que tu dois faire deviner !

Partie 6

Trouve le personnage de ton adversaire

Joueur 2

Coche le personnage que tu dois faire deviner !

Partie 6

Trouve le personnage de ton adversaire

Joueur 1

Coche le personnage que tu dois faire deviner !

Partie 7

Trouve le personnage de ton adversaire

Joueur 2

Coche le personnage que tu dois faire deviner !

Trouve le personnage de ton adversaire

Partie 7

Joueur 1

Coche le personnage que tu dois faire deviner !

Trouve le personnage de ton adversaire

Partie 8

Joueur 2

Coche le personnage que tu dois faire deviner !

Trouve le personnage de ton adversaire

Partie 8

Joueur 1

Coche le personnage que tu dois faire deviner !

Partie 9

Trouve le personnage de ton adversaire

Joueur 2

Coche le personnage que tu dois faire deviner !

Partie 9

Trouve le personnage de ton adversaire

Joueur 1

Coche le personnage que tu dois faire deviner !

Partie 10

Trouve le personnage de ton adversaire

Joueur 2

Coche le personnage que tu dois faire deviner !

Trouve le personnage de ton adversaire

Partie 10

Joueur 1

Coche le personnage que tu dois faire deviner !

Trouve le personnage de ton adversaire

Partie 11

Joueur 2

Coche le personnage que tu dois faire deviner !

Trouve le personnage de ton adversaire

Partie 11

Joueur 1

Coche le personnage que tu dois faire deviner !

Trouve le personnage de ton adversaire

Partie 12

Joueur 2

Coche le personnage que tu dois faire deviner !

Trouve le personnage de ton adversaire

Partie 12

Joueur 1

Coche le personnage que tu dois faire deviner !

Partie 13

Trouve le personnage de ton adversaire

Joueur 2

Coche le personnage que tu dois faire deviner !

Partie 13

Trouve le personnage de ton adversaire

Joueur 1

Coche le personnage que tu dois faire deviner !

Trouve le personnage de ton adversaire

Partie 14

Joueur 2

Coche le personnage que tu dois faire deviner !

Trouve le personnage de ton adversaire

Partie 14

Joueur 1

Coche le personnage que tu dois faire deviner !

Trouve le personnage de ton adversaire

Partie 15

Joueur 2

Coche le personnage que tu dois faire deviner !

Trouve le personnage de ton adversaire

Partie 15

Joueur 1

Coche le personnage que tu dois faire deviner !

Trouve le personnage de ton adversaire

Partie 16

Joueur 2

Coche le personnage que tu dois faire deviner !

Trouve le personnage de ton adversaire

Partie 16